AF461136

# DISCOURS

*SUR*

## LA PRISE D'HABIT

DE

*MADAME LA COMTESSE*

## *DE RUPELMONDE,*

## AUX CARMELITES

De la rue de Grenelle, le 8 Octobre 1751.

*Par M.* Poulle, *Abbé de Nogent, Prédicateur ordinaire du Roi.*

A PARIS,

DE L'IMPRIMERIE DE P. G. LE MERCIER, rue S. Jacques, au Livre d'or.

M. DCC. LII.

*Avec Permission & Approbation.*

# DISCOURS

*SUR*

## LA PRISE D'HABIT

DE

*MADAME LA COMTESSE*

## *DE RUPELMONDE.*

*Tenebræ operient terram... & gloria ejus in te videbitur.*

Les ténébres couvriront la ſurface de la terre... & la gloire du Seigneur reluira dans vous. *Iſ. ch. 60. v. 2.*

MADAME,*

* La Reine.

Si dans ces jours d'obſcurciſſement il ſemble que le Très-haut ait retiré ſa main toute-puiſſante, ce n'eſt pas qu'il n'opére toujours les mêmes merveilles, & que du ſecret inacceſſible où il réſide, il ne laiſſe échapper des rayons de ſa gloire; ce ne ſont pas les prodiges qui manquent, ce ſont les yeux attentifs, c'eſt la foi. Il ſuſcite en ce jour une femme forte, qui docile à ſuivre les inſpirations de l'Eſprit Saint, ſacrifie ſa jeuneſſe & ſa liberté; qui renonce généreuſement au monde dans le tems même que le monde la prévient de ſes faveurs; qui foule aux pieds les idoles de l'orgueil & de la cupidité; qui s'ouvre un chemin inconnu du centre de la Cour juſqu'à l'Autel du ſacrifice; qui s'avance à travers les aſſauts qu'on lui livre, les obſtacles qu'on lui oppoſe, les inſtances qu'on redouble, les ſoupirs qu'elle entend, les larmes qu'elle voit répandre ; & qui parmi les débris & les dépouilles du siécle, dont elle dresse un trophée, *& un monument d'oubli* au Dieu vivant, s'immole avec joie à la face du ciel qui l'applaudit, & de la terre qui la regréte.

Que cette sainte cérémonie est bien digne d'attirer les regards d'une grande Reine, qui a fait asseoir la piété sur le thrône avec elle ; d'un Prince auguste, dont le ciel vient de récompenser les éminentes qualités par la naissance d'un Fils, l'objet de tous ses vœux, & la plus ferme espérance de la Nation ; des Princesses que leurs hautes destinées appellent à faire l'ornement & le bonheur de plusieurs Royaumes ; d'une Cour enfin nombreuse & brillante, mais qui peu accoutumée à des fêtes de Religion, sortira vraisemblablement de ce lieu moins désabusée des prestiges du monde, qu'attendrie du sort de cette courageuse Martyre de la charité.

Cependant, MA CHERE SŒUR, car vous nous permettrez dorénavant cette expression qui convient au renoncement que vous allez faire de vous-même, quelque pompeux que soit le spectacle de votre consécration, rien n'y peut remplacer les exemples continus d'édification que vous donniez sur le grand théâtre du monde ; ce n'est qu'une représentation fugitive de la gloire de Dieu ; dans quelques momens les ténébres succéderont ; c'est la gloire du Seigneur qui passe rapidement devant Moïse caché dans le creux de la pierre, & ne laisse après elle aucun vestige de son passage ; c'est Elie emporté sur un char de feu, dont Elisée, qui le ſuit à peine des yeux, voit tout à coup diſparoître la trace dans les airs ; c'eſt la ſplendeur imprévue qui enveloppe ſur le Thabor les trois Diſciples privilégiés, & qui en s'évanouiſſant les plonge dans une triſteſſe profonde. Ainſi, MA CHERE SŒUR, le ſujet de votre joie eſt le ſujet de notre douleur & de notre crainte : Par rapport à vous, Dieu couronne ſes miſéricordes paſſées, lorſqu'il vous attire dans la ſolitude, *gloria ejus in te videbitur :* Par rapport à nous, Dieu continue d'éxercer un jugement de juſtice, lorſqu'il vous éloigne du monde ; *tenebræ operient terram.* Ces deux Réfléxions feront le partage de ce Diſcours. Implorons les lumiéres de l'Eſprit Saint par l'interceſſion de Marie. *Ave Maria.*

MADAME,

I. POINT. Quoique la miféricorde divine embraffe & rempliffe l'univers; que Dieu faffe lever indifféremment fon foleil fur les juftes & fur les injuftes, & qu'il nous fourniffe à tous des fecours proportionnés à nos befoins & à nos foibleffes, on ne peut cependant nier que dans cette maffe univerfelle il n'ait des vaiffeaux d'élection fur lefquels il répand avec complaifance fes faveurs finguliéres, qu'il ne difcerne fes amis par des graces de choix & de prédilection, & que s'il eft le Dieu des autres hommes, il ne foit plus particulierement & par excellence le Dieu d'Abraham, d'Ifaac & de Jacob. Cette miféricorde s'eft déclarée pour vous, MA CHERE SŒUR, aux commencemens de vos voies; elle vous a protégée au jour de l'attaque, elle vous a garantie de la morſure du Dragon & du Baſilic ; aujourd'hui même elle vous fixe dans un lieu de repos & de ſureté, toujours admirable à votre égard, ſoit en vous préſervant de la contagion du monde, ſoit en vous ſéparant du monde même. Arrêtons-nous à ces deux époques mémorables ; elles ſeront l'objet de notre attention, comme elles ſont l'objet de votre reconnoiſſance. A ces vérités conſolantes nous ajoûterons quelques inſtructions ſalutaires ; nous vous parlerons des dangers & des obligations de l'état que vous êtes ſur le point d'embraſſer.

Il eſt bon de vous prévenir, MA CHERE SŒUR, dans le récit des miſéricordes du Seigneur, nous ne pourrons nous diſpenſer de renouveller en paſſant vos anciennes douleurs, & de retracer l'image de vos vertus: nous attaquerons & votre ſenſibilité & votre modeſtie; mais ſupportez patiemment notre indiſcrétion apparente, & faites réfléxion qu'il s'agit de la gloire de votre divin Epoux, dont nous devons publier les merveilles les plus ſecrettes; que ces occaſions éclatantes ſont rares; que ce ſeroit trahir trop ouvertement notre miniſtere, que de ne pas les employer à l'édification des mondains. Il faut en ce jour ſolemnel, vous oublier entierement vous-même; paroître dans un état d'anéantiſſement & de mort, & ne revivre que pour vous immoler à jamais aux pieds de ces Autels, garans de vos promeſſes irrévocables.

Dans le cours ordinaire de la providence, le ſouverain Dominateur des hommes aſſigne à chacun d'eux en particulier un état immuable, dont il leur défend de sortir : il interrompt quelquefois cet ordre établi, & lorsqu'il veut donner des leçons frappantes de fidélité & de perfection, il produit ses élûs sous diverses formes ; il ne leur communique ses volontés qu'à mesure qu'elles s'exécutent ; il les appelle tour à tour au monde & à la retraite, à la retraite & au monde ; il les fait concourir à ses vues par deux vocations réellement distinctes entr'elles ; l'une passagere, dépendante des circonstances, & qui n'a qu'un tems limité ; l'autre, permanente, & qui s'étend jusqu'à la consommation de la vie ; la premiere relative à la seconde ; toutes les deux essentielles au salut, toutes les deux renfermées dans l'économie de la prédestination.

Telle a été la destinée de cette

Epouſe de Jeſus-Chriſt, d'abord le monde, enſuite la Cour. Par quels détours, grand Dieu, la conduiſiez-vous au Cloître ? De l'Egypte à la Terre promiſe, quelle diſtance! quelles épreuves ! Elle entre contre ſon penchant dans cette carriere bordée de piéges & de précipices : elle ignore le terme où ce ſentier épineux aboutit : dès les premiers pas qu'elle y fait, elle s'y trouve arrêtée par des chaînes que la grace a pris ſoin de reſſerrer : ſa foi jurée à un Epoux que ſa naiſſance, ſa valeur, & ſes vertus rendent digne d'elle ; un gage cher & précieux de cette union ſainte, ſont autant de liens & d'ôtages qui la retiennent dans le ſiécle. Ne ſemble-t'il pas, Chrétiens Auditeurs, que les deſſeins du ciel ſur cette ame choiſie ne ſçauroient déſormais s'accomplir ? Au moment marqué par ſes décrets éternels, le Dieu puiſſant & jaloux aura le ſecret de retirer l'Arche du pays des Philiſtins & de la tranſporter dans ſon tabernacle ; & s'il eſt néceſſaire, pour préparer les voies, de frapper de grands coups, des coups ſenſibles, l'Epoux.... l'Enfant.... L'Epouſe chrétienne pleure les victimes & adore le Sacrificateur : moins malheureuſe toutefois dans ſon affliction, ſi ces pertes redoublées avoient terminé ſa ſervitude ; mais non, Dieu ne permet pas que cette autre Judith ſe condamne à l'obſcurité, il la réſerve à de nouvelles épreuves : la Cour doit être l'exercice & le triomphe de ſa vertu.

Au ſeul mot de la Cour, Chrétiens Auditeurs, ſe réveillent dans votre eſprit les idées les plus flatteuſes ; vous vous la repréſentez ſous l'image du temple de la volupté, de l'orgueil & de la molleſſe; ces traits généraux peignent mieux le monde que la Cour. On n'y va pas chercher les plaiſirs, hélas! on auroit plutôt à ſe défendre de l'ennui. On n'y va pas chercher les diſtinctions; la ſplendeur primitive du Thrône y éteint tout éclat qui n'eſt qu'emprunté; la majeſté du Maitre y attire ſeule les regards & les hommages; les dieux du ſiécle y ſont confondus avec la foule ſervile qui par tout ailleurs les encenſe; ils dépoſent en y entrant leur grandeur & leur fierté, & ils ne les reprennent que lorſqu'ils en ſortent. Se flatteroit-on d'y trouver les douceurs & les aiſes de la vie? les habitans de ce ſéjour s'eſtiment trop heureux d'y camper ſous des tentes: ils ne connoiſſent ni le ſommeil ni la tranquillité; toujours contraints, toujours diſtraits, toujours hors d'eux-mêmes, entraînés par un tourbillon rapide, ils vont ſans deſſein, ſans plaiſir, & les amuſemens du Prince ſont les fatigues des courtiſans. Sans l'ambition & ſans l'intérêt, les Cours des Rois ne ſeroient pas ſi fréquentées; comme ces paſſions y ſont excitées par la grandeur des récompenſes, & gênées en même tems par la préſence du Souverain, & par la pénétration des concurrens, elles n'en ſont que plus vives & mieux déguiſées : ainſi ce qui caractériſe les vrais courtiſans, ce qui dans la même nation en fait une nation ſéparée du reſte des ſujets, & différente de mœurs & de langage, c'eſt la ſoif immodérée de dominer & de s'enrichir, jointe à la duplicité; c'eſt cet art funeſte, où ils excellent, de donner perpétuellement le change, de ne paroître occupés que de leurs plaiſirs, tandis qu'ils ne ſongent qu'à leur fortune ; de tourner leurs défauts en agrémens; de prêter aux vices des couleurs qui les embelliſſent ; de ſubſtituer à la vérité &aux ſentimens, des paroles artificieuſes & des proteſtations ſimulées ; de mettre en œuvre les profondeurs & les ruſes de l'intrigue ; d'affecter des manieres libres & aiſées, qui ne promettent que candeur & que bonne foi ; de cacher les chagrins ſous un viſage riant ; de maſquer la haine des dehors de la politeſſe, & de nuire dans les ténébres, en faiſant ſemblant d'obliger au grand jour. Les bénédictions ſont ſur leurs lévres, *ore ſuo benedicebant*. Les malédictions ſont dans leur cœur, *corde ſuo maledicebant*. A les voir ſi attentifs, ſi prévenans, ſi officieux, on diroit qu'ils ne compoſent tous enſemble

qu'une

qu'une ſeule famille, dont les intérêts ſont les mêmes. Percez cette apparence trompeuſe, vous découvrirez dans ces amis prétendus autant d'envieux & de rivaux, qui n'aſpirent qu'à leur deſtruction mutuelle ; leurs perfidies & leurs noirceurs les feroient déteſter, s'ils ne poſſédoient le talent dangereux de ſéduire & de plaire.

Eh ! qu'avoient de plus odieux les citoyens de Cédar ? Comme eux ils étoient faux dans leurs diſcours, & trompeurs dans leurs promeſſes ; comme eux, ils haïſſoient la paix ; comme eux, ils perſécutoient impitoyablement les ſerviteurs de Dieu ; & cependant ils épuiſerent la patience du Prophéte, qui ne pouvant plus endurer leur malignité & leurs contradictions, ſe plaignit au Ciel de la longueur de ſa captivité : ſa priére fut exaucée ;

Ma chere Sœur, vous n'eutes pas la même consolation. Envain disiez vous à Dieu avec Esther. « Seigneur, qui êtes seul notre Roi, » assistez-moi dans l'abandon où » je suis, puisque vous êtes le seul » qui puissiez me secourir. Les pé» rils qui me menacent sont pres» que inévitables ; vous sçavez la » contrainte où je me trouve, & » qu'aux jours de magnificence & » de pompe, j'ai en horreur les » ornemens somptueux, ouvrages » de la vanité & du luxe, & que » je ne les porte pas dans les jours » de mon silence. Vous sçavez que » mon cœur n'a jamais participé » aux fêtes prophanes des ennemis » de votre loi, & que depuis le » tems que vous m'avez amenée » en ce Palais jusqu'à ce jour votre » servante n'a gouté de satisfaction » que dans la pratique de vos saints

» Commandemens. O Dieu tout-
» puiſſant, au-deſſus de tous, écou-
» tez la voix de celle qui n'eſpere
» qu'en vôtre ſecours, ſauvez-moi
» de la malice des méchans, & re-
» tirez moi de cette région d'illu-
» ſion & de menſonge. » Vos plaintes, vos gémiſſemens furent ſans effet; il eſt vrai que la miſéricorde ne vous abandonna pas. Votre devoir vous attachoit au ſervice d'une Reine, la conſolation de l'Egliſe, l'amour des peuples, le modéle des Chrétiens, l'appui des malheureux, la ſource des proſpérités du Royaume; en contemplant de près l'aſſemblage de ſes rares vertus, vous oubliiez preſque que vous étiez à la Cour; vous retrouviez Jéruſalem dans Babylone; vous n'aviez qu'à ſuivre votre Souveraine, les principaux devoirs du Chriſtianiſme étoient remplis; prieres fer-

ventes, entretiens édifians, lectures pieuſes, fréquentation des Sacremens, aſſiduité au Service Divin & au miniſtere de la parole, aſſemblées de charité; ces ſaintes occupations ſi triſtes, ſi déſagréables pour tant d'autres, & ſi douces pour vous, ouvroient & fermoient le cercle des journées que vous paſſiez auprès de votre auguſte Maîtreſſe; & dans les intervalles de liberté, lorſque rendue à vous-même, & loin de la Cour, il vous étoit permis de vous livrer à l'ardeur de votre zéle, vous ajoûtiez à ces mêmes exercices de piété, plus de mortifications, & plus de ſimplicité dans la parure, vous alliez aux priſons & aux hôpitaux effacer les impreſſions que la figure éblouiſſante du monde auroit pu faire malgré vous-même ſur votre eſprit & ſur vos ſens; & ce qui étoit le plus cher à votre cœur ; vous meniez une vie retirée & toute cachée en Jesus-Christ. Ces précautions étoient nécessaires à votre sureté, mais qu'elles sont accablantes ! On consume à se défendre un tems qu'on voudroit employer à sa propre perfection. Ces combats journaliers lassent & fatiguent ; les victoires mêmes affoiblissent, & sont quelquefois douteuses ; il ne faut qu'une distraction & un moment de surprise, pour faire évanouir des années de sainteté ; est-on sûr de persévérer jusqu'à la fin ? Et qui sçait si l'on n'accorde pas à la vanité ce qu'on croit ne donner qu'aux bienséances ; si, par trop de complaisance & de ménagement, on ne trahit pas les intérêts de la vérité ? Connoît-on les dispositions intimes de son cœur, en fouille-t-on jusqu'aux plus secrets replis, & peut-on répondre de la pureté de sa vertu, quand on respire un air contagieux & mortel à l'innocence? Ce ne sont pas ici des scrupules qui naissent de l'ignorance & de la foiblesse de l'esprit, ce sont des craintes bien fondées, des craintes qui viennent des lumieres mêmes de la conscience.

» Réjouissez - vous, vous qu'on » pouvoit appeller à plus d'un titre » l'*affligée*, & qu'à l'avenir on nom- » mera *la bien aimée du Seigneur*, » réjouissez - vous; ces retours fréquens de la Cour à la Ville, de la Ville à la Cour; ces alternatives inquiétantes de recueillement & de dissipation, de silence & de tumulte vont cesser; « votre Sauveur » approche, il porte avec lui votre » rançon; il vous revêtira des vête- » mens du salut, & il vous parera

» des ornemens de la juſtice ; que » le Carmel en treſſaille de joye : » & vous, Sion, Ville forte, dont » Dieu lui-même eſt la muraille » & le boulevart, ouvrez vos por- » tes, qu'un peuple ſaint y entre, » un peuple obſervateur de la vé- » rité. »

Ce myſtére de miſéricorde ne s'eſt pas conſommé ſans peine & ſans alarmes. La promulgation de l'ancienne Loi ſur le Mont Sinaï, ſe fit au milieu des éclairs & du tonnerre ! La Loi d'amour fut publiée dans le Cénacle parmi les flammes & un grand bruit, *comme d'un vent impétueux qui venoit du Ciel.* Figures expreſſives des changemens extraordinaires qui s'opérent dans les ames ; ils ſont toujours précédés des agitations de l'eſprit & du trouble du cœur. La grace de la ſeconde vocation, qui du ſiecle appelle à sa retraite, produit à peu près les mêmes effets que la grace de la conversion; il n'y a de différence que dans les objets; de part & d'autre des commencemens laborieux, des orages intérieurs, des liaisons à rompre, des sacrifices à faire, des combats à soutenir, le respect humain à braver, de nouveaux desirs, d'autres pensées, une révolution générale soit au-dedans soit au-dehors; de part & d'autre avant l'exécution, des doutes, des perplexités, des larmes; après l'accomplissement, la confiance, le calme, la joie. Ces différentes situations vous sont connuës, Ma chere Sœur, vous avez été sensible à certains sacrifices, vous n'en avez pas été ébranlée; votre unique inquiétude étoit de vous assurer de la volonté de Dieu; depuis long-temps un attrait invincible

vous

vous portoit vers la ſolitude ; il ne ſuffiſoit pas pour autoriſer une démarche importante & déciſive, qui par ſa ſingularité devoit vous être ſuſpecte, & qui exigeoit des précautions infinies, & un examen approfondi ; l'attrait ſeul n'eſt pas la marque infaillible de la vocation ; une voix preſſante vous ſollicitoit de faire divorce avec le monde ; nouvel embarras ? Eſt-ce éloignement naturel ? Eſt-ce amour du repos ? Eſt-ce rafinement de ſpiritualité ? Eſt-ce inſpiration du Ciel ? Eſt-ce conſeil de l'amour propre ? Il eſt aiſé de s'y méprendre. l'Ange de ténébres ſe traveſtit ſouvent en Ange de lumiere ; il règle ſes attaques ſur nos penchans, & lorſqu'il déſeſpére de ſéduire par les amorces du plaiſir, il tâche de ſurprendre par les illuſions de la piété. Dans cette nuit profonde qui vous préſentoit ou des réalités ou des phantômes, incertaine de votre deſtination, & craignant également d'être infidéle, vous n'oſiez ni demeurer en ſuſpens, ni prendre une détermination ferme & aſſurée ; tantôt vous conſultiez les dépoſitaires des ſecrets de votre conſcience ; tantôt vous demandiez à Dieu qu'il daignât parler plus clairement à votre cœur.

Il s'eſt expliqué, Ma chere Sœur; calmez vos craintes, vous a-t-il dit, c'eſt moi qui vous inſpire, votre exil eſt fini ; quittez un ſéjour dont les abominations offenſoient vos regards ; ma miſéricorde me preſſe de ſatisfaire vos deſirs, & l'intérêt de ma gloire le demande ; avant vous, pluſieurs filles de Sion ont dit un éternel adieu au monde, dont elles n'avoient éprouvé ni les viciſſitudes ni la corruption ; elles ont ſanctifié leurs premieres années par une alliance indiſſoluble qu'elles ont contractée avec moi dans la ſimplicité de leur cœur ; leur ſacrifice étoit agréable à mes yeux , mais il ne m'honoroit que foiblement devant les hommes ; ils l'attribuoient aux caprices de l'âge , aux préjugés de l'éducation , au défaut d'expérience , à des inſinuations purement humaines. Avant vous pluſieurs femmes de Jéruſalem , pouſſées par le vent de la grace , ſont entrées dans ces ports de ſalut ; après des naufrages réitérés elles y ont mis leur converſion & leur pénitence à couvert des tentations extérieures & de l'inconſtance de leur caractere : leur repentir m'a fait oublier leurs infidélités , je les ai admiſes au nombre de mes Epouſes. Mais le monde, interpréte malin des actions & ſur tout des actions vertueuſes, a cru trouver la cauſe de leur changement dans quelque dépit ſecret, ou dans la honte de ſurvivre à leur réputation & à leur honneur. Vous raſſemblez le double avantage des épreuves perſévérantes & de l'innocence conſervée; auſſi j'attends de vous une offrande plus méritoire & plus pure; une offrande qui vous coûte des regrets, & ne vous coûte point de remors: ces amis qui vous étoient unis par la religion & par la conformité de mœurs; ces parens qui faiſoient la conſolation & la douceur de votre exil; cette mere ſi tendre à qui votre triſte ſéparation arrachera des larmes qu'il n'y aura que moi qui puiſſe tarir; cette Reine... n'en doutez pas, elle admirera, elle imitera votre courage; elle viendra elle-même m'offrir dans vous les prémices chéries du

troupeau qu'elle forme tous les jours à Jeſus-Chriſt. » Vous con-
» noiſſez ma volonté ; ſouvenez-
» vous de mon ſerviteur Abraham,
» & ſuivez-moi ſur la montagne.
» *Veni electa mea.* Je vous dédom-
» magerai avec uſure de ces ſépa-
» rations douloureuſes. *Veni, co-*
» *ronaberis.* »

Répondez à préſent, MA CHERE SŒUR, n'avez-vous pas trouvé Dieu fidéle en toutes ſes promeſſes ? votre ſanté ne s'eſt-elle pas fortifiée par les mêmes auſtérités qui ſembloient devoir l'altérer ? ne goûtez-vous pas cette paix délicieuſe que le monde ne ſçauroit donner, & qui ne peut être que le fruit de la bonne conſcience ? des années entieres écoulées dans les Palais des Rois valent-elles un ſeul jour paſſé dans la maiſon du Seigneur ? que ſera-ce d'y paſſer tout le tems de votre pélerinage : Jouiſſez-y du ſpectacle ſacré offert à votre admiration ; votre habitation transformée en un temple ; Dieu qui préſide à l'aſſemblée des juſtes ; l'Eſprit ſaint qui verſe la plénitude de ſes dons & de ſes lumieres ; des Anges dans des corps mortels ; un ſilence de recueillement & d'adoration ; des prieres ardentes & rarement interrompues ; les louanges du Seigneur ſans ceſſe renouvellées ; la bonne odeur de Jeſus-Chriſt répandue de toutes parts ; tous les cœurs réunis & confondus dans la même charité ; une paix inaltérable ; une émulation de ſainteté ; la joie de l'ame ; une félicité ſans amertume ; point de déguiſement, point de rivalité, point de jalouſie. Si l'on ôtoit de cet état les ombres & les voiles, qui vous empêchent de contempler à découvert la majeſté du

Tout-puiſſant ; ſi l'on en retranchoit l'incertitude, les combats, les auſtérités qui augmenteront le tréſor de vos mérites, ſans changer de lieu, vous ne ſeriez plus ſur la terre, vous ſeriez dans le ciel.

D'où peut donc naître, Chrétiens Auditeurs, votre étonnement à la vue de ces chaſtes Epouſes du Très-haut, qui ſe ſont dévouées aux rigueurs de la pénitence ? Conſultez votre foi ; n'ont-elles pas pris le parti le plus sûr, le plus conſolant, le plus tranquille ? & dans le fond, n'êtes-vous pas les ſeuls à plaindre ? En effet, eſt-ce acheter trop cher le Royaume des Cieux, que de donner en échange une liberté trop ſouvent dangereuſe, & quelques biens périſſables, auxquels on ne peut s'attacher ſans uſurpation & ſans crime ? Oui, mes chers Freres, Dieu vous a mis ſur la terre comme des Pontifes, le glaive évangélique à la main, pour y être exercés, pour immoler ; s'il vous livre des biens, il vous en permet l'usage, il vous en interdit la cupidité ; il les accorde à vos besoins réels, il les refuse à vos desirs & à votre mollesse, il vous prive de votre superflu, il en fait le patrimoine des pauvres ; s'il vous revêt de dignités & d'emplois, il les destine à l'utilité publique, il veut que vous en remplissiez les obligations, & que vous en méprisiez les distinctions & le faste : s'il vous place parmi les hommes, il souffre que vous les aimiez, il vous l'ordonne même; mais il prescrit des bornes étroites à cet amour, il l'assujettit, il le subordonne ; il le dénature ; détachement universel, rien n'en est excepté ; plaisirs, honneurs, richesses, amis, parens, époux, enfans, pere, vous-même, tout eſt ſoumis à cette loi; tout eſt la matiere eſſentielle de ce ſacrifice : la moindre réſerve feroit une eſpèce d'idolatrie, il en coute bien moins d'y renoncer tout-à-fait; une privation entiere & irrévocable n'eſt qu'un ſeul coup, héroïque à la vérité, & preſque égal au martyre; mais enfin, ce n'eſt qu'un ſeul coup qui détruit en un inſtant les victimes; c'eſt un ſeul ſacrifice qui fait fuir les objets pour toujours, les tranſporte loin de nous, & ne nous laiſſe à craindre d'autres tentations que nous-mêmes. Le détachement évangélique doit ſubſiſter dans le ſein même de la poſſeſſion & des périls; c'eſt un ſacrifice de tous les momens, qui exige des ſoins & des efforts continuels. Ne ſe contenter que juſqu'à un certain degré, meſurer ſon amour, modérer ſes deſirs, ne faire dans le monde que de courtes apparitions, & encore par néceſſité & par bienſéance; s'en éloigner par prudence & par précaution; imiter, ſuivant le conſeil de l'Apôtre, l'exemple de ces voyageurs, qui paſſent & ne s'arrêtent pas, habitans de tous les pays, citoyens nulle part; indifférens pour ce qu'ils rencontrent ſur leur route; être toujours entre le permis & le défendu, entre ſes beſoins & ſes paſſions, entre uſer & ne point jouir, entre les objets & l'attachement, entre les tentations & ſa foibleſſe, ne pas franchir ces limites preſque imperceptibles, ne pas confondre des points ſi délicats, ne pas faire de mépriſe conſidérable: que d'attention! que de contrainte!

Que Marthe ſe trouble, Ma chere Sœur, qu'elle s'inquiéte

de mille ſoins inutiles & fatiguans, paiſible avec Marie aux pieds de votre adorable Sauveur, vous recueillerez avidement les paroles de vie qui ſortiront de ſa bouche; elles ſeront les délices & la nourriture de votre cœur : loin du tumulte, des tentations & des ſcandales, & à l'aide puiſſante de la grace, vous verrez s'élever l'édifice de votre ſalut avec tranquillité & avec confiance.

Nous ne vous le diſſimulerons cependant pas. L'état que vous embraſſez a des dangers, & des dangers, nous oſons le dire, plus à craindre pour vous que pour tout autre; le plus redoutable, ſans doute, eſt le paſſage ſubit des orages violens où vous étiez expoſée, au profond repos dont vous allez jouir. Si les grandes tentations ont leurs inconvéniens, elles ont auſſi leurs avantages ; elles annoncent le péril, elles attaquent la religion dans ce qu'elle a d'eſſentiel ; la foi alarmée pouſſe alors un cri qui nous réveille de notre aſſoupiſſement ; il n'y a point de milieu, nous ne pouvons éviter de périr ou de nous défendre ; c'eſt le tems de la perſécution, pendant lequel les Chrétiens étoient forcés d'opter de l'apoſtaſie ou du martyre. Le calme, au contraire, couvre & cache les dangers ; on s'endort témérairement ſur les apparences d'une fauſſe ſécurité ; les tentations ſont foibles, & par conſéquent elles n'effrayent pas, les infidélités ſont légeres, & par conſéquent elles ſont plus difficilement apperçues : on ſe livre ſans précaution aux traits d'un ennemi dont on ne ſe défie plus ; de-là, dans quelques-unes des vierges conſacrées au

Seigneur, les dégouts, la tiédeur, le relâchement ; de-là, cette recherche affectée d'elles-mêmes, cette attention à ſatisfaire leurs goûts ſur le prétexte ſpécieux qu'à la rigueur ils ne ſont pas condamnables ; de-là vient enfin que les fantaiſies des perſonnes vouées à la retraite ont la vivacité & la fureur des paſſions des mondains : toute leur ame qui n'eſt pas diſtraite d'ailleurs, ſe ramaſſe, pour ainſi dire, dans leurs deſirs ; & ſi elles ne perdent pas toujours la grace, elles perdent du moins la délicateſſe & la paix de la conſcience.

La ſeule vigilance, Ma chere Sœur, vous garantira de ces écueils ; veillez aſſiduement à votre défenſe, *ſuper cuſtodiam tuam ſta* ; & vous reconnoîtrez bientôt que dans la ſolitude même nous avons plus d'ennemis à craindre & de devoirs à remplir que nous ne pensons. Vous trouverez une imagination vagabonde qu'il faut ramener de ses écarts, un esprit volage qu'il faut rappeller de sa dissipation ; un cœur prompt à s'échapper qu'il faut garder soigneusement ; des souvenirs importuns qu'il faut effacer ; une volonté accoutumée à se gouverner elle-même, qu'il faut soumettre au joug de l'obéissance ; des goûts frivoles qu'il faut éteindre ; des desirs égarés qu'il faut diriger ; des sens rebelles qu'il faut crucifier & réduire en servitude ; une régle austère qu'il faut observer de point en point, & avec une exactitude rigoureuse ; un tems court & précieux dont il faut profiter ; une éternité invisible & éloignée qu'il faut rapprocher de vous, & vous rendre préſente de plus en plus. Vous ne vous bornerez pas à ces obligations communes ; la meſure des graces reçues, ſera la meſure de votre ardeur. Après les dons ſignalés dont Dieu vous a comblée, il a droit d'attendre de vous la plus ſublime perfection. Mais ce n'eſt ni dans de plus grandes auſtérités, ni dans une multiplicité d'œuvres de ſurérogation qu'elle conſiſte ; ces diſtinctions marquées ne ſervent ſouvent qu'à nourrir l'amour-propre, & à flater la vanité. La perfection que l'on vous demande, eſt la régle pratiquée avec une ferveur conſtante : que la charité embraſe donc votre ame ; qu'elle anime vos priéres ; qu'elle donne du prix à vos mortifications & à vos jeûnes ; qu'elle ſoit la vie de toutes vos actions ; qu'autant qu'il eſt poſſible elle vous acquitte envers Dieu de ſes bienfaits ineſtimables.

Dans les ſentimens d'une vive reconnoiſſance, vous ne vous laſſerez pas de lui répéter ; Seigneur, vous avez eu pitié du malheureux eſclavage où gémiſſoit votre ſervante ; vous avez rompu tous les nœuds qui m'attachoient au monde, nœuds du ſang, nœuds d'amitié, nœuds d'engagemens, nœuds de bienſéance, nœuds d'emplois, nœuds d'affaires temporelles ; que de chaînes briſées à la fois, & par votre ſeule miſéricorde ! *Quia ego ſervus tuus, dirupiſti vincula mea.* Puis-je faire un meilleur uſage de la liberté que vous m'avez rendue, que de vous la conſacrer ſans partage & ſans retour ? Je ſens tout le bonheur de ma derniere vocation ; je ne vivrai que pour vous, je ne vivrai que dans vous, je ne vivrai que de vous ; plus de diſtraction, plus de momens perdus ; tous les inſtans de ma vie ſeront employés à méditer votre loi céleſte & bienfaiſante ; à la mettre en pratique, à vous ſacrifier une hoſtie perpétuelle de louanges & d'actions de graces. Mes lévres ne s'ouvriront que pour implorer votre ſecours, ou pour bénir vos miſéricordes. *Tibi ſacrificabo hoſtiam laudis, & nomen Domini invocabo.*

Pour nous, MA CHERE SŒUR, témoins de la grandeur & de la générosité de votre ſacrifice, nous ne ceſſerons de publier la gloire du Très-haut, qui a déployé en votre faveur la force de ſon bras ; il a diſſipé les projets & les complots de vos ennemis. *Cantemus Domino, glorioſè enim magnificatus eſt.* Outré de dépit, l'eſprit tentateur avoit déja dit en lui-même, elle ne m'échappera pas, je dreſſerai embûches ſur embûches, j'étalerai à ſes yeux les plaisirs & les fêtes d'une Cour qu'elle habite ; je sémerai d'écueils cette mer orageuse où elle vogue ; j'aiguiserai les langues des libertins, ils lanceront contre elle les traits perçans de leurs railleries & de leurs censures ; soit artifice, soit séduction, soit foiblesse, soit crainte, soit respect humain, elle donnera tôt ou tard dans les piéges que je lui tendrai. *Dixit inimicus, evaginabo gladium meum, persequar, comprehendam.* Le Seigneur a divisé les flots irrités, qui sous sa main sont devenus immobiles ; il vous a ouvert un libre passage, *stetit unda fluens.* Et portée sur les ailes de la charité, vous vous êtes refugiée dans cette sainte demeure, *portasti ad habitaculum sanctum tuum.* Qui est semblable à vous, ô mon Dieu ! qui est semblable à vous ! Vous vous plaisez à conduire vos élus par des voies ſurprenantes & ſingulieres ; vous les faites briller pendant quelque temps ſur la ſcène du monde, & vous les enſeveliſſez un moment après dans l'ombre de la retraite ; du même coup vous ſauvez & vous perdez ; le même prodige eſt le ſalut des Iſraélites & la deſtruction des Egyptiens. *Quis ſimilis tuî, Domine, quis ſimilis tuî, magnificus in ſanctitate, terribilis!* Ainſi vous retirerez inſenſiblement vos élus du milieu des nations, & vous les établirez ſur cette montagne, qui eſt d'une maniere plus ſpéciale votre héritage. Vous les cacherez dans le ſecret de votre ſanctuaire inébranlable, pour les mettre à couvert des inſultes & des attaques étrangeres. *Introduces eos, & plantabis in monte hæreditatis tuæ, ſanctuarium tuum, Domine, quod firmaverunt manus tuæ.* Tandis que vos ennemis accablés ſous le poids de votre indignation ſécheront de frayeur & d'épouvante. *Irruat ſuper eos formido & pavor.* Et voilà, Chrétiens Auditeurs, le jugement de juſtice que Dieu continue d'exercer ſur nous. Seconde inſtruction que nous fournit la cérémonie préſente, & le ſujet de la derniere partie de ce Diſcours.

II. PARTIE. LE juſte diſparoît tout à coup; que ce ſoit la mort ou la vocation qui le raviſſent au ſiécle, il eſt également perdu pour le monde; il périt, dit le Prophéte, il eſt enlevé du commerce des hommes, & perſonne n'y fait attention. Loin d'être effrayé de ces diſparitions fréquentes, on les met au rang des événemens ordinaires & indifférens, dont on ne cherche pas à découvrir la cauſe: on ne voit pas que la ſouſtraction des juſtes eſt une calamité publique, & l'un des fléaux les plus terribles, qui ſoit dans le tréſor des vengeances du Seigneur; puiſqu'en retirant ſes ſerviteurs du milieu de nous, Dieu nous prive tout à la fois & de leur protection & de leurs exemples.

Les élus ſont l'objet principal des deſſeins de Dieu, dans l'ordre même de la nature; c'eſt pour eux que tout a été créé; c'eſt pour eux que tout ſubſiſte; eux ſeuls ont des droits inconteſtables ſur les ouvrages du Créateur: ſans eux le monde ne ſeroit qu'un ſéjour impur, indigne des attentions de la providence. Leur préſence conſacre cette terre profanée, elle redonne à l'univers ſa premiere dignité; elle couvre la multitude des pécheurs & les dérobe aux traits de la colere céleſte. Auſſi quand le Seigneur ne veut point trouver d'obſtacle à ſa fureur, il a ſoin d'écarter ſes ſerviteurs fidéles. Leur départ eſt preſque toujours le ſignal de ſa vengeance. Les enfans des hommes ont comblé la meſure de leurs crimes ; leur perte eſt réſolue ; un juſte ſe rencontre ſur la terre , il ſuſpend l'activité de la colere divine : qu'un ſiécle entier ſuffiſe à peine à Noé pour conſtruire l'aſyle, qui doit le garantir de la deſtruction univerſelle ; la patience de Dieu de plus en plus provoquée par de nouvelles prévarications, ne ſe laſſera pas. Les cataractes du ciel ne s'ouvriront qu'après que le Patriarche ſe ſera mis à couvert des ravages du déluge. Le cri des abominations de cinq villes criminelles eſt monté juſqu'au ciel ; les feux vengeurs ne les réduiront en cendres qu'après que Loth ſe ſera retiré à Segor :

jusque-là la puissance de l'Ange exterminateur sera liée. Et au jour de la rétribution, lorsque le souverain Juge des vivans & des morts rendra à chacun selon ses œuvres, il ne lancera l'arrêt de la malédiction éternelle sur les réprouvés, qu'après qu'ils auront été séparés d'avec les justes. Nous vivons à l'ombre de leur protection, & nous méconnoissons nos bienfaiteurs; nous les voyons s'éloigner, & nous ne sommes pas allarmés de leur absence. La séparation du bon grain & de la paille, qui se fera avec tant d'appareil à la consommation des siécles, se fait tous les jours, quoique d'une maniere insensible, & nous ne nous en appercevons pas. Mais si le Ciel & les déserts se peuplent de justes, que restera-t-il bientôt dans le monde?

» Le Seigneur a considéré du *Psalm. 52.*

» haut des cieux ; il a vû l'impiété » débiter avec audace ses dogmes » éxécrables ; la corruption des » mœurs parvenue à son comble ; » il a vû les desirs insensés des pé» cheurs, leurs injustices, leurs » scandales ; il a éxaminé attenti» vement s'il ne découvriroit pas » quelque juste caché dans cette » foule de coupables, il n'en a pas » trouvé un seul. D'où viendra » donc notre salut ? qui nous ser» vira de médiateur ? »

Non, que nous prétendions que ces Solitaires fervens, que ces Vierges généreuses, qui se sont exclus volontairement de la société, ne lui soient plus d'aucun secours. Ils la protégent par leurs priéres. Leurs vœux unanimes & persévérans font nuit & jour une sainte violence au Seigneur, & arrêtent les coups qu'il nous prépare.

Mais

Mais nous disons que leur présence nous feroit plus avantageuse, parce qu'outre qu'elle détourneroit plus surement les foudres du ciel, elle nous procureroit encore le secours puissant de leurs exemples.

Il est sur-tout une région éloignée du royaume des cieux, où avec l'amour du monde & une éternelle dissipation, régne l'oubli de Dieu, des devoirs les plus sacrés, & l'ignorance de soi-même : les adulateurs en ferment toutes les avenues à la religion, elle ne peut s'y introduire ni s'y maintenir qu'à la faveur d'une succession de justes que la Providence attentive & miséricordieuse a soin de perpétuer : leur mission consiste moins à prêcher l'Evangile, qu'à le prouver par leurs exemples. Figurez-vous Abraham au milieu des nations infidéles ; dépositaire de la foi du Messie, il empêche que cette tradition sacrée ne s'altére parmi les moeurs corrompues, & les folles superstitions des Gentils ; étranger en tous lieux, il fait un peuple à part avec sa seule famille ; fidéle au Dieu qui le conduit ; ici, il éternise par des monumens durables le souvenir des bienfaits qu'il en a reçûs ; là, au premier ordre du Ciel, il se dispose d'immoler son fils Isaac, l'objet de ses complaisances : sans patrie, sans états, sans autorité, sans armée, il est Conquérant ; il est plus que Souverain. Les Rois implorent son secours, il les venge, & il refuse leurs présens ; Melchisedech, ce Prince de justice, lui offre des dons mystérieux qu'il accepte avec reconnoissance ; les esprits célestes l'honorent de leurs visites. Le Seigneur même ne dédaigne pas de se manifester à lui. Abraham est une énigme incompréhensible qui fait l'étonnement & l'occupation de l'Univers. A ces traits reconnoissez le Juste qu'une vocation expresse appelle à la Cour ; chargé du ministere sublime d'y représenter la Religion, il n'est occupé que de la grandeur de sa destination ; les tentations les plus délicates ne peuvent le séduire, l'éclat des dignités ne sçauroit l'éblouir ; son commerce avec les hommes n'interrompt pas son commerce avec Dieu ; tantôt prosterné aux pieds des Autels, où il adore la majesté du Tout-puissant, tantôt debout devant le thrône des Rois, où il est l'organe de la vérité, tantôt assis à la table sacrée, où il se nourrit du pain des Anges, dissipé en apparence, recueilli en lui-même, plus touché des promeſſes de la foi que des fortunes périſſables, plutôt ſujet que courtiſan; ami, jamais flatteur, toujours Chrétien.

Un Chrétien à la Cour eſt un être d'une eſpéce toute particuliére qu'il eſt difficile de définir; il n'appartient ni au tems, puiſqu'il travaille ſans ceſſe à s'en détacher, ni à l'éternité, puiſqu'il n'en jouit pas encore; & il tient cependant à l'un & à l'autre. Homme du tems, il remplit exactement tous ſes devoirs; ſujet zelé, il conſacre ſes ſoins & ſes ſervices au Prince; époux fidele, il reſpecte religieuſement les ſaints nœuds qui le lient; pere attentif, il tranſmet ſes vertus à ſes enfans; protecteur généreux, il garantit les foibles de l'oppreſſion des puiſſans; riche, compatiſſant & libéral, il ſoulage l'indigence, il répare les miseres; homme de l'éternité, il relève, il sanctifie toutes ses actions par la noblesse & par la pureté des motifs qu'il se propose; il voit Dieu dans tout & partout, & il ne voit que Dieu; homme du tems, les ennemis du salut l'investissent, des tentations sans nombre l'assiégent, les objets séducteurs le sollicitent au crime, tout menace son innocence; homme de l'éternité, il se défie de ses propres forces, il marche avec circonspection, il se couvre du bouclier impénétrable de la foi, il se soutient, il se défend par ses prieres & par ses espérances; homme du tems, les maladies affligent son corps, la calomnie ternit sa réputation, l'envie traverse ses succès, l'injustice le dépouille de ses biens, des revers abbatent sa fortune, il gémit dans le creuset des tribulations ; homme de l'éternité, il sçait que ces épreuves sont passagères ; il contemple la couronne de gloire qui l'attend, il jouit par avance de la moisson inestimable qu'il doit un jour recueillir ; homme du tems ; la Cour lui paroît un lieu de contrainte & de bannissement, il en redoute les dangers, il en méprise les honneurs, il en déplore la servitude & l'aveuglement ; homme de l'éternité, il soupire avec Saint Paul après la destruction du vase d'argile qui l'attache à cette demeure terrestre, il place son trésor dans les tabernacles éternels, il y laisse son coeur ; homme du tems & de l'éternité tout ensemble, comme ces Anges que Jacob vit en songe, lesquels montoient sans cesse sur l'échelle mystérieuse, & sans cesse en redescendoient ; il vole au Ciel par besoin, il revient sur la terre par devoir ; il revole au Ciel par amour, il retourne sur la terre lentement, à regret, & par pure nécessité. Or quelle impression ne doit pas faire dans le palais des Rois ce mystere de justice, qui roule parmi tant de mysteres d'iniquité : de pareils exemples ne sont-ils pas plus touchans, plus persuasifs que les exhortations les plus convainçantes & les plus pathétiques ? C'est la vertu elle-même qui s'accommode à la légereté des courtisans, qui se met sous leurs yeux, qui confond d'une maniere invincible les prétextes dont ils se servent pour autoriser leurs égaremens, qui ménage leur délicatesse, qui les instruit par des actions, qui les reprend par sa conduite, qui leur présente dans la réalité & sous un même point de vue, les rigueurs de la Loi & ses consolations, les abbaissemens de l'humilité, & l'élévation des sentimens, le triomphe des passions & la liberté du cœur, les ténébres de la foi & les lumieres de l'esprit, la soumission parfaite aux volontés de Dieu & la souveraine indépendance. C'est la grace elle-même devenue vivante & sensible, qui mille fois étouffée dans leur cœur, les attaque au dehors, qui les suit en tous lieux, qui les étonne, qui les intimide : car tel est l'empire de la piété, elle n'est nulle part plus combattue, & nulle part plus respectée qu'à la Cour. C'est-là où elle jouit véritablement de tous ses privileges ; elle y est plus frapante, parce qu'elle y est plus rare ; elle y est plus pure, parce qu'elle est plus éprouvée ; elle y est plus noble, parce qu'elle fait de plus grands sacrifices ; elle y est plus constante, parce qu'elle connoît mieux la fausseté des hommes & la vanité du monde ; elle y est plus utile, parce qu'elle est le seul frein capable de contenir les partisans du siécle.

En effet, le juste est presque l'unique sanctuaire où la Religion reçoive les hommages des courtisans ; ils la blasphément dans ses mysteres, ils la combattent dans ses dogmes, ils l'outragent dans sa morale, ils la négligent dans son culte, ils la profanent dans ses Sacremens, ils la dédaignent dans ses instructions, ils lui résistent dans ses graces ; ils ne peuvent se défendre de l'honorer, lorsqu'elle se rend visible sous la forme d'un Chrétien fidéle, & pénétré de son esprit & de sa divinité. Qu'un juste paroisse dans ces cercles qu'animent l'enjoûment, la médisance, la calomnie & l'irréligion ; à son aspect les discours commencés sont interrompus, une modeste retenue succéde à la licence, les remors assoupis se réveillent, les terreurs du Christianisme se font sentir aux cœurs les plus endurcis, les impies même deviennent hypocrites, le vice déconcerté se trouve contraint de céder à l'ascendant impérieux de la vertu qui le condamne; & tous les assistans sont devant le serviteur de Dieu, tels que des criminels tremblans à la vue d'un juge dont ils redoutent la présence. Ainsi à l'absence de Moïse les Israélites éclatent en murmures contre leur conducteur, ils oublient le Dieu qu'avoient adoré leurs peres, ils demandent des divinités étrangeres, un veau d'or est l'objet de leurs adorations, ils célébrent leur infidélité par des chants tumultueux & par des danses insensées; Moïse se montre, une frayeur foudaine s'empare de tous les esprits, les Hébreux consternés gardent un morne silence, ils ont honte d'eux-mêmes & de leur idole ; & ces prévaricateurs audacieux, qui n'avoient pas craint d'irriter la colere du Tout-puissant, n'osent soutenir l'approche & les regards de son Ministre.

Vous nous demanderez peut-être pourquoi, de ces justes qui contribuent si efficacement à la conservation & à l'édification du monde, Dieu en moissonne quelques uns au printems de leur âge, & en cache plusieurs dans la retraite ; n'en cherchez pas d'autre raison que le déréglement de vos mœurs. Ils ont été enlevés, dit l'Esprit saint, de peur que la malice des hommes ne corrompît leur vertu. Plus l'iniquité fait de progrès, & plus Dieu se hâte de rassembler ses élus ; il les

récompense & il vous punit. Devoit-il donc les exposer inutilement à des attaques continuelles ? Leur destinée seroit trop malheureuse si avec les amertumes & les épreuves inséparables de la piété, ils essuyoient encore les contradictions & les dangers du monde. « Non,
» non, dit le Seigneur, je ne per-
» mettrai pas que mes serviteurs
» soient opprimés, leur affliction
» m'est connue, je les vois gémir
» depuis long-tems sous les far-
» deaux dont l'Egypte les accable;
» qu'ils partent, qu'ils s'éloignent,
» qu'ils aillent au désert m'offrir en
» liberté leurs sacrifices ; j'y répan-
» drai sur eux l'abondance de mes
» bénédictions. »

Que les tems sont changés ! à la naissance de l'Eglise la solitude eut été pernicieuse aux fidéles, ils puisoient de nouvelles forces dans leur commerce mutuel; une ſainte émulation ranimoit leur ferveur; leurs prieres réunies s'élevoient telles qu'un parfum agréable jusqu'au thrône de l'Eternel; leurs converſations avoient je ne ſçai quoi de céleſte, leurs banquets ne reſpiroient que charité; les forts ſoutenoient les foibles; les vertus étoient communes entr'eux, ainſi que les biens temporels. Le feu de la perſécution s'allumoit-il, ils ſe réfugioient enſemble dans des cavernes profondes: étoient-ils découverts, ils confeſſoient enſemble la foi de Jeſus-Chriſt à la face des Tyrans & à la vue des échafaux, l'union des Chrétiens en faiſoit comme une armée formidable aux puiſſances de l'abyſme. A peine les perſécutions ſanglantes eurent ceſſé, que la paix amena le relâchement, le relâchement produiſit la mollesse, la mollesse inspira l'amour des richesses & des plaisirs, & l'amour des richesses & des plaisirs ouvrit la porte à tous les désordres. On avoit vû le Christianisme s'enrichir des dépouilles de la Gentilité, dont il avoit triomphé pleinement ; on vit dans le sein du Christianisme reparoître peu à peu le fantôme du Paganisme avec ses erreurs, avec ses vices, avec ses théâtres, avec ses fausses divinités ; la Religion ne regna plus que dans ses Temples ; la décence & la pudeur furent bannies des mœurs ; on parla bientôt le langage des fictions & du déguisement ; les maximes du monde prévalurent insensiblement sur la morale de l'Evangile ; les libertins & les impies prirent la place des Tyrans, & les Chrétiens n'eurent pas d'ennemis plus dangereux que les Chrétiens mêmes ; alors il fallut se précautionner contre les tentations domestiques; la piété tremblante fut contrainte de s'exiler pour se sauver de la séduction générale; elle n'emporta dans sa fuite précipitée que sa foi & ses espérances. Malheur donc à vous, qui vous êtes rendus indignes de communiquer avec les Saints; malheur à vous, qui forcez les Saints de mettre entre eux & vous un mur impénétrable de division; malheur à vous, si vous êtes insensible à la désertion des Saints. Que la cérémonie de ce jour excite du moins vos regrets & vos craintes. Cette lumiere si vive va s'éteindre pour vous dans les ténébres du Cloître; elle ne brillera désormais qu'aux yeux des Anges & de ces Epouses de Jesus-Christ. Ah! profitez du dernier éclat qu'elle jette en disparoissant; il éclaire tous les secrets qui ont été jusqu'ici entre Dieu & cette ame favorisée; son immolation est l'abrégé de sa vie, & la manifestation des richesses de la grace & des sentimens de son cœur. Vous avez accompagné cette héroïne de la religion sur la sainte Montagne, comme autrefois Elisée suivit son maître Elie aux bords du Jourdain ; est-ce dans la vûe d'y recueillir son double esprit, cet esprit de mépris pour les avantages du siécle, & de desir pour les récompenses de l'éternité ? n'est-ce pas plutôt une vaine curiosité & le torrent du monde qui vous aménent en ce Temple ? Semblables à ces peuples dont parle Isaïe, vous entendez, & vous ne comprenez pas ; vous voyez, & vous ne réfléchissez pas : au lieu de changer les châtimens du ciel en des remédes salutaires, vous en faites un spectacle

ſpectacle d'amuſement, ou le ſujet d'une compaſſion ſtérile, & d'une cenſure ſacrilége.

De cette foule de ſpectateurs qui vous environnent, Ma chere Sœur, la plupart blâment votre fermeté ; ils trouvent de l'excès, diſons tout, & de la bizarrerie dans votre renoncement abſolu ; ils ont la témérité de vouloir aſſujettir les conſeils de la Sageſſe éternelle à leurs propres idées. D'autres auſſi aveugles vous plaignent ; ils regardent le plus beau jour de votre vie, comme un jour de conſternation & de deuil ; cette retraite, comme un tombeau ; cette cérémonie, comme une pompe funébre ; & vous-même comme une victime qu'on a pris ſoin d'orner pour embellir l'appareil du ſacrifice : quelques-uns, & c'eſt le plus petit nombre, adorent en ſecret les merveilles que le Seigneur opère dans vous, le béniſſent, envient votre deſtinée, & gémiſſent ſur leur condition périlleuſe & vraiment déplorable. Eh! que vous importent les cenſures, les regrets, les applaudiſſemens des hommes! Dieu parle, vous n'écoutez que lui ſeul; il commande, vous obéiſſez: vous touchez enfin au moment ſouhaité avec tant d'ardeur, obtenu avec tant de peine, attendu avec tant d'impatience; les difficultés ſe ſont heureuſement applanies; le tems même de votre attente s'eſt tout à coup abrégé au gré de vos ſouhaits; vous devez encore aux bontés longtems éprouvées d'une Reine auguſte & pieuſe, l'anticipation & l'accompliſſement de votre bonheur. Recevez de ſes mains ce voile ſacré, ſymbole du voile que l'on plaçoit au-devant du Sanctuaire ; de tous les dons que la magnificence royale peut prodiguer ; c'est le seul qui touche votre ame ; il va fermer éternellement vos yeux à l'enchantement & aux prestiges du siécle. Jettez auparavant un dernier regard sur le monde que vous abandonnez ; du port assuré où vous êtes ; considérez les anciens compagnons de vo[tre] voyage, entourés d'ennemis [visi]bles & invisibles, errer à la mer[ci] des flots soulevés par les tempêtes ; étendez vos mains vers le ciel tandis qu'ils combattent, ils sont bien dignes de votre compassion, de vos vœux & de vos priéres. A votre entrée dans le désert, nous avons chanté avec les hommes le Cantique de Moïse ; après le tems d'épreuve, nous chanterons avec les Anges le Cantique de l'Agneau ; nous célébrerons les nôces de l'Epoufe fidèle & du divin Epoux ; nos difcours s'annobliront de la grandeur du fujet ; nous aurons la confolation de parler le langage des parfaits dans l'affemblée des Saints.

Seigneur, quelqu'autre châtiment que vous nous envoyiez, nous l'accepterons avec réfignation, parce qu'il pourra nous être avantageux, & même néceffaire ; mais, nous vous en conjurons, faites que ce modéle tout accompli qu'il est ne foit pas imité. N'enlevez plus du milieu de nous les ames conftamment exercées & toujours perfévérantes ; confervez-nous la reffource de leur protection & de leurs exemples : fi elles redoutent le déluge de la contagion des mœurs, qu'elles viennent chercher un afyle paffager dans cette arche falutaire, & qu'elles en fortent de tems en tems comme la Colombe ; nous avons besoin d'être édifiés, encouragés, excités ; laissez les justes parmi nous ; leur présence sera la censure muette & sensible de notre conduite ; en les voyant nous rougirons de la dépravation de notre cœur ; nous serons forcés de les estimer, de les respecter ; de l'estime & du respect pour leur personne, nous passerons à l'imitation de leurs vertus ; par-là nous mériterons d'être du nombre de vos Disciples, & de participer à la récompense destinée à vos élus. Je vous la souhaite, mes très-chers Freres, Au nom du Pere, & du Fils, & du Saint-Esprit. Ainsi soit-il.

FIN.

# APPROBATION.

J'Ai lû par ordre de Monseigneur le Chancelier, un Manuscrit qui a pour titre : *Discours sur la prise d'Habit de Madame la Comtesse de Rupelmonde aux Carmelites*. Une maladie n'ayant pas permis à l'Auteur de prononcer ce Discours, on a voulu y suppléer par l'impression ; & je crois que la lecture n'en sera pas moins agréable à ceux qui aiment l'éloquence, qu'utile aux personnes qui cherchent principalement à s'édifier. A Paris, ce 7 Mars 1752.

*Signé*, MILLET.

www.ingramcontent.com/pod-product-compliance
Ingram Content Group UK Ltd.
Pitfield, Milton Keynes, MK11 3LW, UK
UKHW020950180726
13838UKWH00003B/1248